YVONNE RUBIN

SELBSTBEWUSSTSEIN

Mein Übungsbuch für mehr innere Stärke und Ausgeglichenheit

QUALITÄTS G|U GARANTIE

DIE GU-QUALITÄTSGARANTIE

Wir möchten Ihnen mit den Informationen und Anregungen in diesem Buch das Leben erleichtern und Sie inspirieren, Neues auszuprobieren. Bei jedem unserer Produkte achten wir auf Aktualität und stellen höchste Ansprüche an Inhalt, Optik und Ausstattung. Alle Informationen werden von unseren Autoren und unserer Fachredaktion sorgfältig ausgewählt und mehrfach geprüft. Deshalb bieten wir Ihnen eine 100 %ige Qualitätsgarantie.

Darauf können Sie sich verlassen:
Wir legen Wert darauf, dass unsere Gesundheits- und Lebenshilfebücher ganzheitlichen Rat geben. Wir garantieren, dass:
- alle Übungen und Anleitungen in der Praxis geprüft und
- unsere Autoren echte Experten mit langjähriger Erfahrung sind.

Wir möchten für Sie immer besser werden:
Sollten wir mit diesem Buch Ihre Erwartungen nicht erfüllen, lassen Sie es uns bitte wissen! Wir tauschen Ihr Buch jederzeit gegen ein gleichwertiges zum gleichen oder ähnlichen Thema um. Nehmen Sie einfach Kontakt zu unserem Leserservice auf. Die Kontaktdaten unseres Leserservice finden Sie am Ende dieses Buches.

GRÄFE UND UNZER VERLAG. *Der erste Ratgeberverlag – seit 1722.*

KGS

INTENSITÄTSGRADE DER ÜBUNGEN

★☆☆ leicht, geht ruckzuck

★★☆ mittelschwer, dauert nicht so lange

★★★ anspruchsvoll, benötigt etwas mehr Zeit

startklar! → → →

BEVOR ES LOSGEHT

Du möchtest dein Selbstbewusstsein steigern? Dein Selbstwertgefühl stärken?

Ein wirklich guter Vorsatz, denn beides trägt wesentlich zu einem glücklichen und gelungenen Leben bei. Und damit es nicht beim Vorsatz bleibt, geht es in diesem Übungsbuch vor allem praktisch zur Sache. Zahlreiche Übungen, mal intensiv, mal einfacher, helfen dir auf deinem Weg. Du kannst die Übungen nach Lust und Laune durcheinander bearbeiten. Du kannst dir also an einem Tag eine leichte und schnell durchführbare Übung wählen, und wenn du mehr Zeit und Muße hast, eine anspruchsvollere. Der Intensitätsgrad hilft dir bei der Auswahl. Oder sieh im Übungsregister am Ende des Buches nach.
Ein wenig Hintergrundwissen ist natürlich auch eine feine Sache. Deshalb erfährst du zwischendurch, wenn es heißt »nice to know«, zu bestimmten Themen kurz und knackig allerlei Wissenswertes.
Vor allem sollst du Spaß haben. Das hier ist keine bierernste Angelegenheit. Mache dich mutig und zuversichtlich an die Umsetzung und würdige jeden einzelnen Schritt! Es lohnt sich. Das Ergebnis ist nicht weniger als ein freieres und glücklicheres Leben.

Ich wünsche dir von Herzen Erfolg und viel Freude auf deinem Weg zu mehr Selbstbewusstsein.

Herzlich

Yvonne Rubin

GANZ EHRLICH: SO SELBSTBEWUSST BIST DU

Mithilfe der folgenden Fragen kannst du zu einer ersten Selbsteinschätzung gelangen. Beantworte sie möglichst spontan. Nicht immer sind die Antworten eindeutig, etwa beim Thema Neinsagen. Vielleicht fällt es dir bei Freunden leicht, etwas abzulehnen, aber beim Chef dann eher weniger. Nimm dann das, was dir Probleme bereitet, zur Grundlage für die Antwort, also in dem Fall den Chef.

	über-haupt nicht	eher nicht	weiß nicht	nicht immer, aber immer öfter	trifft voll zu
Kannst du Nein sagen?					
Vertrittst du deine Meinung?					
Bist du stolz auf deine Leistungen?					
Stehst du zu deinen Fehlern?					
Liebst du dich?					
Akzeptierst du deine Schwächen?					
Sagst du, was du willst?					
Kannst du Schweigen ertragen?					
Beendest du ein Gespräch, wenn es dich nervt?					

In welcher Spalte hast du am meisten Kreuzchen gemacht?

überhaupt nicht

Wenn du hier mehrere Kreuze gemacht hast, lege ich dir ganz besonders folgende Übungen ans Herz:

- Die selbstbewusste Körperhaltung, *Seite 9*
- Beruhige dich – eine Atemtechnik, *Seite 16*
- Einen Erfolg besonders würdigen, *Seite 28*

eher nicht oder weiß nicht

Dir würden diese Übungen sicherlich guttun:

- Den inneren Kritiker bändigen, *Seite 18*
- Dein wohlwollender innerer Begleiter, *Seite 22*
- Fehler akzeptieren und trotzdem weitermachen, *Seite 30*

nicht immer, aber immer öfter

Du bist auf einem guten Weg. Ich empfehle dir:

- Der positive innere Dialog, *Seite 44*
- Love letter for you, *Seite 72*

trifft voll zu

Gratulation! Du bist um dein Selbstbewusstsein zu beneiden. Dieses Übungsbuch kann dennoch hilfreich für dich sein. Zum Beispiel mit den vielen »nice to know«-Infos. Mache aber auch die eine oder andere Übung, die dich inhaltlich anspricht, schließlich heißt es nicht umsonst: Solange wir leben, lernen wir.

SELBSTBEWUSSTSEIN, SELBSTWERTGEFÜHL, SELBSTVERTRAUEN, SELBSTACHTUNG

Wie selbstbewusst bist du? Wie stark ist dein Selbstwertgefühl? Und wie groß dein Selbstvertrauen? Verfügst du über Selbstachtung? Möglicherweise hast du dir bislang keine größeren Gedanken gemacht, dass es da überhaupt Unterschiede gibt. Tatsächlich werden diese Wörter oft synonym verwendet, obwohl sie nicht dasselbe beschreiben. Gemeinsam ist ihnen, dass sie sich alle um unser Ich-Empfinden drehen. Und hier sind die feinen Unterschiede:

- ***Selbstbewusstsein:*** Das ist zum einen das Erkennen und Definieren der eigenen Persönlichkeit über das Denken. »Wer oder was bin ich?« lautet die Frage dahinter. Unser Selbstbewusstsein wird zudem durch die Rückmeldungen von anderen geprägt.
- ***Selbstwert(gefühl):*** Besonders oft werden die Begriffe Selbstbewusstsein und Selbstwertgefühl durcheinandergebracht. Das Selbstwertgefühl beschreibt, wie überzeugt jemand von seiner persönlichen Bedeutung und seinen Fähigkeiten ist. Ein Mensch mit stark ausgeprägtem Selbstwertgefühl bewertet sich, sein Leben und seine Zukunft positiv, optimistisch, relativ angstfrei und freudvoll. Das spiegelt sich in selbstsicherem Auftreten.
- ***Selbstvertrauen:*** Wer das hat, ist überzeugt davon, über ausreichend Erfahrungen, Kenntnisse und Fähigkeiten zu verfügen, um dem Leben oder bestimmten Anforderungen gerecht zu werden und sie erfolgreich bewältigen zu können.
- ***Selbstachtung:*** Das ist schlicht das Gefühl für die eigene menschliche Würde.

Mit diesem Übungsbuch kannst du alle diese verschiedenen Aspekte deines Selbst stärken. Welcher Aspekt ist dir dabei am wichtigsten?

◯ Selbstbewusstsein

◯ Selbstwert(gefühl)

◯ Selbstvertrauen

◯ Selbstachtung

Hier hast du Platz, Eigenschaften und Verhaltensweisen aufzuführen, an denen du arbeiten möchtest.

Das will ich in Sachen Selbstbewusstsein und Selbstwertgefühl gern verändern:

★★★ ICH SCHAU DIR IN DIE AUGEN!

Blickkontakt halten!

Gelassen Blickkontakt zu anderen halten zu können zeigt nicht nur Aufmerksamkeit und Interesse, sondern wirkt auch souverän und selbstbewusst. Wähle ein bis zwei Gelegenheiten, bei denen du fremde Menschen ganz gezielt anschaust. Versuche, ihrem Blick nicht auszuweichen, sondern halte ihn so lange aus, bis sie weggucken. Schaue sie offen und freundlich an, ein Augenzwinkern und auch ein Lächeln sind selbstverständlich erlaubt. Atme dabei ruhig und bleibe so entspannt wie möglich. Achte auf deine Gedanken und Gefühle. Passende Gelegenheiten für diese Übung bieten sich in der U-Bahn oder im Bus, beim Einkaufen oder einfach auf dem Weg von A nach B.

Wie ging es dir mit der Übung?

- ◯ Ist mir leichtgefallen.
- ◯ Naja. Ging so. Es hat mich aber Überwindung gekostet.
- ◯ Ich schaffe es einfach nicht.

Was hast du dabei gedacht?

➤ _

Was hast du dabei gefühlt?

➤ _

Wie hat er/sie zurückgeschaut?

➤ _

➤ Wenn es noch nicht so gut geklappt hat, lasse dich nicht entmutigen. Übe einfach weiter, denn du weißt ja: Nur Übung macht den Meister.

DIE SELBSTBEWUSSTE KÖRPERHALTUNG

Ein gutes Selbstbewusstsein zeigt sich auch in der Körperhaltung. Wie stehst und gehst du für gewöhnlich?

Begib dich vor einen Ganzkörperspiegel. Was siehst du?

Nun stelle dir vor, dass sich am höchsten Punkt deines Scheitels ein goldenes Band befindet, das dich sanft nach oben zieht.
Der Kopf ist dann gerade, das Kinn zeigt zum Brustbein, die Wirbelsäule richtet sich auf, die Schultern senken sich und gehen leicht nach hinten. Verteile dein Gewicht gleichmäßig auf beide Füße und stehe locker und entspannt.

Überprüfe die Wirkung im Spiegel. Was hat sich gegenüber vorhin verändert?

Verweile eine Zeit lang so und spüre in deinen Körper hinein, um den selbstbewussten Stand zu verinnerlichen.
Achte von nun an immer wieder darauf, dass du aufrecht stehst, gehst und sitzt, bis dir die selbstbewusste Haltung zur Gewohnheit geworden ist.

Nice to know!

VORSICHT, HANDY-NACKEN!

Den Kopf beim Lesen von Nachrichten auf dem Handy beziehungsweise Smartphone nach unten zu senken ist mittlerweile weitverbreitet. Das sieht nicht nur unschön aus, sondern verursacht auch Nackenprobleme. Halte das Handy so, dass du den Kopf nicht senken musst!

★★★

EINE FREMDE PERSON ANSPRECHEN

Trau dich!

Nach einer Restaurantempfehlung zu fragen hilft dir zu üben, selbstbewusst auf fremde Menschen zuzugehen. Zur Vorbereitung eignet sich übrigens bestens die Übung »Ich schau dir in die Augen!« auf Seite 8.
Nimm Zettel und Stift mit, suche dir drei Ansprechpartner, die dir sympathisch sind, zum Beispiel in der Fußgängerzone oder am Bahnhof, und bitte sie um eine Restaurantempfehlung. Frage nach dem Restaurantnamen, der Adresse, nach dem Preisniveau und wenn du willst noch nach ihrem Lieblingsgericht. Mache dir Notizen und bedanke dich.

Wie schwer oder leicht ist es dir gefallen, die Menschen anzusprechen?

- ◯ Kein Problem – ich komme leicht mit anderen ins Gespräch.
- ◯ Ich musste mir einen Ruck geben. Ein bisschen peinlich war es dann schon.
- ◯ Es ist mir nicht gelungen, über meinen Schatten zu springen.

Wie war die Resonanz?

- Person 1: ___________________________
- Person 2: ___________________________
- Person 3: ___________________________

Wie hast du dich danach gefühlt?

____

____

DEINE BELOHNUNGSLISTE

Einmal selbstbewusst heißt nicht immer selbstbewusst. Und auch selbstwertstarke Menschen sind das nicht an jedem Tag. Denn unser Ich-Empfinden schwankt und kann immer wieder erschüttert werden.
Die gute Nachricht ist: Je mehr wir für unsere Persönlichkeitsentwicklung tun und je besser wir für uns sorgen, desto sicherer wird das Fundament, auf dem unser Selbstvertrauen und unser Selbstwertgefühl fußen.
Gönne dir doch ab und zu eine Belohnung – das motiviert auch zum Weitermachen. Wähle dazu insgesamt sieben Übungen aus diesem Buch oder andere bewältigte Herausforderungen aus, und zwar solche, die dich eine besondere Überwindung gekostet haben. Schreibe sie in die linke Spalte. Rechts kommt die Belohnung hinein (Kinobesuch, Schachtel Pralinen, Blumenstrauß, Lieblingsgericht, Massage ...).

Das hast du gemacht	Damit belohnst du dich

NERVIGE HANDREICHUNGEN ABLEHNEN

Jeder hat sich schon einmal über sie geärgert – die faulen Zeitgenossen, die nicht wissen, wie man die Tonerkartusche vom Kopierer wechselt oder wie man die Kaffeemaschine bedient, und die solche Angelegenheiten dann immer gern delegieren. Dauernd für jemanden einzuspringen, der sich nicht die Mühe macht, solche Handgriffe zu erlernen, kann ärgerlich sein. Deine Aufgabe ist es, dir diese Gefälligkeiten vom Hals zu schaffen. Dafür hast du zwei Möglichkeiten:

- Du schlägst die Bitte ab, zum Beispiel mit den Worten: »Tut mir leid, ich habe keine Zeit.« Bei dieser Variante sprichst du das eigentliche Problem (noch) nicht an. Wenn dein Gegenüber stur ist, musst du damit rechnen, dass er oder sie bei anderer Gelegenheit wieder auf dich zukommt.
- Irgendwann solltest du das Kind beim Namen nennen, etwa: »Es ist wirklich nicht schwer, probiere es doch einfach aus.« Du zeigst demjenigen, wie es funktioniert, und machst deutlich, dass er es ab sofort selbst machen kann.
  Vorsicht, wenn dies im familiären Umfeld beziehungsweise in der Partnerschaft stattfindet. Hier besteht die Gefahr, dass man sich schnell in einer bereits viele Male geführten, wahrscheinlich fruchtlosen Auseinandersetzung wiederfindet. Da ist es dann wichtig, Generalvorwürfe und Rundumschläge zu vermeiden (»Nie trägst du den Abfall runter!«) und sich in möglichst sachlichem Ton auf die fragliche Angelegenheit zu beziehen.

NEIN!

Denke nun an zwei Situationen, in denen sich jemand immer wieder auf deine Hilfsbereitschaft verlässt, obwohl er oder sie es eigentlich allein machen könnte. Schreibe dann auf, mit welchen Worten du diese Handreichung das nächste Mal ablehnen wirst:

Situation 1

Name und Art der von dir verlangten Gefälligkeit:

_ _

Mit welchen Worten willst du ablehnen?

_ _

_ _

Wie ist es dir ergangen? Willst du bei künftigen Begegnungen etwas ändern?

_ _

_ _

_ _

Situation 2

Name und Art der von dir verlangten Gefälligkeit:

_ _

Mit welchen Worten willst du ablehnen?

_ _

_ _

Wie ist es dir ergangen? Willst du bei künftigen Begegnungen etwas ändern?

_ _

_ _

_ _

SAG: ICH WILL!

Selbstbewusstsein findet auch in hohem Maße in unserer Wortwahl seinen Ausdruck. Wer häufig den Konjunktiv à la »Ich hätte vielleicht gern ...« verwendet, wirkt unsicher, wenn nicht schüchtern. Das fordert andere geradezu dazu auf, darüber hinwegzugehen. Wer hingegen deutlich sagt, was er will, zeigt, dass er es ernst meint, und gibt damit auch anderen Orientierung. Klare Ansagen sind beispielsweise »Ich will ... / Ich will nicht ...« oder »Ich mag ... / Ich mag nicht ...« oder »Mir gefällt ... / Mir gefällt nicht ...«.
Rufe dir drei Situationen ins Gedächtnis, bei denen es dir schwerfiel, deine Ansprüche anzumelden, etwa bei der Urlaubsabstimmung mit den Kollegen, bei der Wochenendgestaltung gegenüber der Familie oder wenn du einem Verkäufer, der dich gerade nach allen Regeln der Verkaufskunst einzuwickeln versucht, zu verstehen geben willst, dass du auf seinen Vorschlag nicht eingehen wirst.
Lasse die Situationen noch mal im Geist Revue passieren und sprich dabei deinen jeweiligen Wunschsatz einige Male laut aus. Für künftige schwierige Situationen kannst du das bereits im Vorfeld üben und somit die neue Formulierung verinnerlichen und dann auch leichter einsetzen. Verwende von nun an so oft wie möglich diese selbstbewussten Aussagen. Du wirst merken, dass du von anderen viel mehr respektiert wirst als bisher.

Situation 1

Das hast du gesagt:

_ _

_ _

Das hättest du gern gesagt und wirst du in Zukunft sagen:

_ _

_ _

_ _

Situation 2

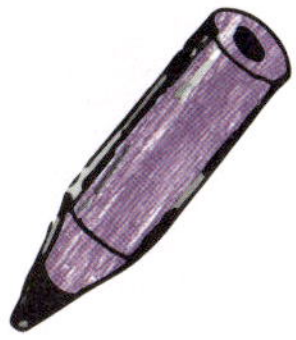

Das hast du gesagt:

Das hättest du gern gesagt und wirst du in Zukunft sagen:

Situation 3

Das hast du gesagt:

Das hättest du gern gesagt und wirst du in Zukunft sagen:

BERUHIGE DICH – EINE ATEMTECHNIK

Immer wieder stoßen wir im Leben auf herausfordernde Situationen, die uns nervös machen, verunsichern oder gar in Panik versetzen. Das kann vor einer Prüfung sein. Wir haben Streit mit jemandem. Oder ein anstrengendes Gespräch mit dem Vorgesetzten steht an. Hier ist es wichtig zu wissen, wie man sich selbst beruhigen kann. Dabei hat sich die folgende Atemtechnik bewährt.
Die Übung hilft dir, den Stress zu reduzieren und wieder einen freien Kopf zu bekommen. Indem du dich auf deinen Atem konzentrierst, lenkst du dich zugleich von den Angstreizen ab. Im Wesentlichen geht es ganz einfach darum, länger auszuatmen als einzuatmen.

Nice to know!

BEGINNE BEIZEITEN

Fange mit dieser Übung in Zeiten an, in denen es dir gut geht, und führe sie regelmäßig durch. Je geübter du bist, desto leichter wird es dir fallen, diese Übung in einer schwierigen Situation anzuwenden.

1. Setze oder lege dich bequem hin. Wenn du möchtest, verschränke die Arme hinter dem Kopf, so kannst du tiefer in den Bauch atmen.
2. Atme vier Sekunden ein.
3. Halte danach die Luft nicht an, sondern atme gleich wieder aus, und zwar möglichst doppelt so lange, also bis zu acht Sekunden.
4. Erzwinge nach dem Ausatmen das Einatmen nicht, sondern lasse die Einatmung wie von selbst entstehen, wenn der Körper den Impuls dazu gibt.
5. Fahre mit dieser Art zu atmen so lange fort, bis du merkst, dass du dich entspannst und klarer denken kannst.

Übungsalternative

Führe die Übung so, wie sie gerade beschrieben wurde, durch. Stelle dir zusätzlich immer beim Einatmen vor, dass du Ruhe und Kraft auftankst, und beim Ausatmen, dass du Belastendes und Ängstigendes loslässt.

Versuche, die Atemübung eine Weile regelmäßig zu machen – so kannst du ein neues, entspanntes Atemmuster in dir etablieren. Hier eine Übersicht für vier aufeinanderfolgende Wochen, damit du anfangs den Überblick behältst. Ein paar Minuten geübt – und du darfst an dem Tag ein Häkchen machen.

	Montag	Dienstag	Mittwoch	Donners-tag	Freitag	Samstag	Sonntag
Woche ab dem ___							
Woche ab dem ___							
Woche ab dem ___							
Woche ab dem ___							

DEN INNEREN KRITIKER BÄNDIGEN

Jeder hat ihn, den inneren Kritiker, der zu uns abwertend und oft quälend mit Worten wie »Das schaffst du nie!« oder »Mein Kollege macht das in der halben Zeit!« oder »Bekommst du denn gar nichts auf die Reihe?« spricht. Er ist ein Teil unserer Persönlichkeit, der sehr viel von uns fordert und es schafft, dass wir uns klein, schwach und entmutigt fühlen.

Schenken wir ihm Gehör, dann zweifeln wir massiv an unserem Können und sind ständig unzufrieden, weil wir meinen, wir würden unsere Ziele niemals erreichen. Und das nagt ordentlich am Selbstbewusstsein. Wer einen starken inneren Kritiker hat, ist gut beraten, sich diesen einmal genauer anzusehen – und ihn zu entmachten.

Nice to know!

WO KOMMT DER INNERE KRITIKER HER?

Schon als Kind entwickeln wir den inneren Kritiker, denn da haben wir meist dann Anerkennung bekommen, wenn wir uns an das gehalten haben, was unsere Eltern oder Lehrer von uns forderten. So bekamen wir für gute Schulnoten Lob oder eine Belohnung.

Im Laufe unserer Entwicklung haben wir diese Anforderungen und Gebote zu unseren eigenen gemacht. Viele davon hinterfragen wir zwar als Jugendliche und Erwachsene kritisch, doch wir leben in einer Leistungsgesellschaft, in der vor allem High Performance belohnt wird. Um also weiterhin Anerkennung zu bekommen, treiben wir uns in verschiedenen Lebensbereichen zu Höchstleistungen an und so bleibt bei vielen ein mächtiger innerer Kritiker fester Bestandteil der Persönlichkeit.

Um deinem inneren Kritiker – das kann natürlich auch eine innere Kritikerin sein – auf die Spur zu kommen, höre in dich hinein und frage dich:

- In welchen Situationen oder im Zusammenhang mit wem meldet sich dein innerer Kritiker besonders häufig?

_ _

_ _

_ _

- Mit welchen Worten oder Sätzen spricht er zu dir (zum Beispiel: »Du Idiot!«)?

_ _

_ _

_ _

- Welche Ansprüche stellt dein innerer Kritiker an dich?

_ _

_ _

_ _

- Gib deinem inneren Kritiker nun einen Namen, etwa Feldwebel, Schulmeister, Antreiber oder was immer für dich stimmig ist.

Mein innerer Kritiker heißt:

_ _

Zeichne nun deinen inneren Kritiker.

Es geht nicht um eine perfekte Darstellung, sondern vielmehr um den Ausdruck seiner Wesensart. Dabei können dir folgende Fragen helfen:

- Welche Körperhaltung hat er?
- Was ist eine typische Geste?
- Ist es überhaupt ein Er – oder eine Sie?
- An wen erinnert er/sie dich?
- Wie ist er/sie gekleidet?
- Welche Accessoires oder Hilfsmittel trägt er/sie?

Das Zeichnen hilft dir dabei, ihn oder sie noch besser kennenzulernen und dir klarzumachen, dass das nur ein Teil von dir ist, der nie deine ganze Persönlichkeit ausmacht, egal wie dominant der innere Kritiker, die innere Kritikerin gerade ist. Dem kannst du durchaus etwas entgegensetzen.

Zwar lässt sich der innere Kritiker nicht ganz auslöschen. Und in Maßen ist er ja auch antriebssteigernd und somit förderlich. Doch auf seinen Ton und die Schärfe seiner Ansagen kommt es an. Beobachte dich dahingehend in Zukunft selbst und werde dir seiner Anwesenheit und Worte immer bewusster. Um ihn zu bändigen, setzt du ihm mit der Übung auf der folgenden Seite einen wohlwollenden Begleiter entgegen.

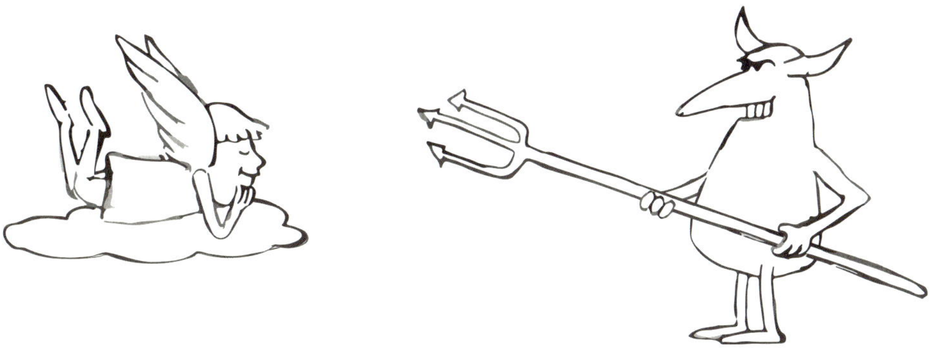

DEIN WOHLWOLLENDER INNERER BEGLEITER

Um den inneren Kritiker zu bremsen, entwickelst oder förderst du nun eine innere Stimme, die ihm Einhalt gebieten und Positives entgegensetzen kann. Das kann beispielsweise ein fürsorglicher Mensch oder ein liebevoller Elternteil sein. Vielleicht ist es auch eine Fee oder ein Zauberer. Lasse deiner Fantasie freien Lauf. Alles, was dich anspricht und dir kraftvoll erscheint, ist richtig.
Schreibe spontan einige Situationen auf, in denen dir dein Begleiter, deine Begleiterin schon einmal innerlich zur Seite geeilt ist, vielleicht ohne dass du dir darüber im Klaren warst, wie bedeutungsvoll solche Eingebungen sein können.

Gib deinem wohlwollenden inneren Begleiter nun einen Namen:

Jetzt zeichne ihn oder sie.
Auch hier geht es nicht um die perfekte Zeichnung, sondern um ein Bild, das die Wesenszüge des Begleiters widerspiegelt. Schreibe dann wichtige Eigenschaften deines Begleiters rund um die Zeichnung, beispielsweise »liebevoll, aufmerksam, rücksichtsvoll«.

Jetzt geht es darum, den wohlwollenden Begleiter dem inneren Kritiker entgegenzustellen. Erinnere dich an drei Situationen, in denen dir dein innerer Kritiker ordentlich zugesetzt hat. Notiere dann seine Worte und wie du dich gefühlt hast. Überlege dir anschließend kraftgebende und förderliche Sätze, die dein wohlwollender Begleiter entgegnet, und notiere, was das in dir auslöst.

Situation	Der innere Kritiker sagt	Du fühlst dich	Der innere Begleiter sagt	Du spürst
Beispiel: Montag im Meeting	»Nie sagst du deine Meinung.«	niedergeschlagen, unsicher	»Du kannst es schon viel besser als vor einem Jahr.«	Erleichterung, Mut

Achte von nun an darauf, dass dein wohlwollender Begleiter deinem inneren Kritiker etwas Positives entgegensetzt. Würdige auch kleine Fortschritte, die du machst. Je öfter und intensiver du übst, desto kraftvoller wird dein wohlwollender Begleiter in dir und kann den inneren Kritiker in wachsendem Maße bändigen.

DEN EIGENEN RAUM WAHREN

★ ★ ★

Sicher hast du auch schon erlebt, wie unangenehm es ist, wenn dir andere Menschen zu nahe kommen und deine persönliche Raumgrenze überschreiten. Wir sind vor allem dann sehr sensibel, wenn wir jemandem frontal gegenüberstehen. Beim Nebeneinanderstehen ohne Blickkontakt, beispielsweise im Bus, können wir mehr Nähe zum anderen vertragen.
Die meisten empfinden bei direktem Blickkontakt ungefähr eineinhalb Armlängen als für sie passend. Nimm dir bei Grenzüberschreitungen bewusst deinen Raum. Statt erstarrt stehen zu bleiben, hast du meist die Möglichkeit, einen Schritt zurück oder zur Seite zu gehen. Nimm dabei eine aufrechte, selbstbewusste Körperhaltung ein. Normalerweise registriert das unser Gegenüber bewusst oder unbewusst und bleibt dann auf Abstand.

Nice to know!

BIS HIERHER UND NICHT WEITER

Es gibt auch penetrante Auf-die-Pelle-Rücker, die diese Signale nicht verstehen. Dann kannst du sie freundlich, aber bestimmt mit Worten wie »Sorry, das ist mir zu eng. Bitte gehe ein Stück zurück!« in die Schranken weisen.

Achte einen Tag lang immer wieder darauf, welche Abstände du als angenehm erlebst.

Meine Erfahrungen:

_ _

_ _

_ _

_ _

DER BLUMENSTRAUSS DEINER ERFOLGE

Die Dinge, die wir im Leben erfolgreich bewältigt haben, stärken auf einer tiefen Ebene unser Selbstwertgefühl und Selbstvertrauen. Doch dafür müssen sie uns bewusst sein und wir müssen sie entsprechend würdigen. Noch wirksamer ist es, wenn wir stolz auf sie sind.

Zu Erfolgen zählen alle Erfahrungen und Erlebnisse, bei denen wir unsere Fähigkeiten und unser Können eingesetzt, etwas gelernt, geschaffen oder überstanden haben. Das kann ein Schulabschluss sein, ein berufliches Projekt, die Geburt eines Kindes, dass man ein Kind auf seinem Weg ins Erwachsensein begleitet und geleitet hat oder das Spielen eines Musikinstruments. Genauso gehören aber auch Krisen dazu, die wir durchgestanden haben.

Nice to know!

SCHAUE DICH LIEBEVOLL AN

Sei dir bei dieser Übung liebevoll zugewandt und erkenne deine Erfolge wirklich an. Oftmals tun wir Erreichtes als selbstverständlich ab und sagen uns: »Andere haben das auch geschafft.« Tu das nicht, sondern schaue mit dem Blick einer liebenden Person auf dich und wertschätze und würdige dich und dein Leben.

Lasse nun einen bunten Blumenstrauß deiner Erfolge entstehen. Trage in jede Blüte des Straußes gegenüber ein Stichwort für einen Erfolg ein. Wenn die vorgezeichneten Blumen nicht reichen, male weitere dazu. Wandere im Geiste durch dein Leben, angefangen bei der Kindheit. Reise weiter durch die Etappen deines Daseins bis heute. Folgende Fragen können dir Anregungen geben:

- Was hast du gelernt? Welche Aus- und Weiterbildungen hast du absolviert?
- Was leistest du im Beruf?
- Welche Projekte hast du erfolgreich zum Abschluss gebracht?
- Welche privaten Taten und Erlebnisse möchtest du würdigen?
- Welche Unwägbarkeiten und Krisen hast du überstanden?
- Was in deinem Leben hat dich noch geprägt?

Sieh dir abschließend deinen Erfolgsstrauß in Ruhe an – all das hast du geschafft! Das sind deine vielseitigen Erfolge! Feiere sie und belohne dich heute mit etwas besonders Schönem.

EINEN ERFOLG BESONDERS WÜRDIGEN

Greife nun eine Blüte aus deinem Erfolgsblumenstrauß auf Seite 27 heraus – eine, die für dich besonders wichtig ist. Das Niederschreiben macht dir deutlich, welche deiner Fähigkeiten du dabei zum Einsatz gebracht hast, welche Hürden du überwunden und welche Anerkennung du dafür erhalten hast.

Schreibe deine eigene Erfolgsgeschichte. Folgende Fragen können dir dabei helfen:

- Was genau hast du getan?
- Welche Eigenschaften und Fähigkeiten haben zum Gelingen beigetragen?
- Welche Hürden und Widerstände musstest du dabei überwinden?
- Was hat dir bei dieser Aufgabe besonderen Spaß gemacht?
- Von wem hast du Anerkennung dafür bekommen?

Klopfe dir für deine Leistung auf die Schulter und würdige das, was du geschafft hast. Es konnte nur aufgrund deiner ganz eigenen Persönlichkeit mit deinen Erfahrungen, deinem Wissensschatz und deinen Eigenschaften so gelingen.

WAS DU AN DIR MAGST

Schreibe 15 Eigenschaften auf, die du an dir magst. Hier geht es um die inneren Werte, deine Stärken und Fähigkeiten. Das Äußere kannst du auf *Seite 69* *würdigen.*

1. ______________________

2. ______________________

3. ______________________

4. ______________________

5. ______________________

6. ______________________

7. ______________________

8. ______________________

9. ______________________

10. ______________________

11. ______________________

12. ______________________

13. ______________________

14. ______________________

15. ______________________

★★★ FEHLER AKZEPTIEREN UND TROTZDEM WEITERMACHEN

Aus Fehlern lernt man, heißt es. Und das stimmt. Dennoch tun wir uns oft schwer, sie zu akzeptieren, geschweige denn zu ihnen zu stehen. Eher rügen wir uns noch dafür und machen uns klein.

Aus diesem Grund versuchen wir, keine Fehler zu machen. Doch dazu müssten wir darauf verzichten, Entscheidungen zu treffen, müssten alles tausend Mal abwägen und uns wo es geht absichern. Oder erst gar nichts anfangen. Doch wie soll man so weiterkommen?

Nice to know!

SO MACHST DU ES RICHTIG

Sieh die Welt als einen Ort des Lernens und Experimentierens und werde dir darüber klar, dass so ziemlich jeder Fehler ausbügelbar ist, auch wenn er zunächst unerwünschte Konsequenzen haben kann. Gehe mit dieser Zuversicht durchs Leben und stehe dazu, dass Dinge eben auch schiefgehen können, die du machst. Erkläre deine Beweggründe und biete aktiv Lösungen zur Fehlerbehebung an. Verurteile dich vor allem nicht dafür, sondern wende den Blick auf das Learning, das in jedem Fehler steckt.

Wie gehst du mit Fehlern üblicherweise um?
Kannst du Fehler überhaupt zugeben?

○ ja

○ nein

Wie gehst du mit dir um, wenn du etwas falsch gemacht hast?

- *Beschimpfst du dich (»Wie konnte ich nur!«)* ○
- *oder zuckst du mit den Schultern (»Nur wer nichts macht, macht keine Fehler.« Oder: »Wieder was gelernt.«)?* ○

Wie sieht es längerfristig mit deiner Fehlertoleranz aus?

- *Haderst du noch eine ganze Zeit lang mit dir* ◯
- *oder schaust du nach vorn und versuchst, eine konstruktive Lösung zu finden?* ◯

Was willst du künftig im Umgang mit Fehlern anders machen?

ETWAS REKLAMIEREN

Ähem …

Die Suppe im Restaurant ist kalt. Eine Bestellung wird unvollständig geliefert. Das gerade gekaufte Brot vom Bäcker ist trocken. Immer wieder gibt es Anlässe, bei denen wir etwas reklamieren müssen. Vielen fällt das nicht so leicht und sie essen lieber die kalte Suppe oder das altbackene Brot, statt sich zu beschweren. Wenn es dir auch so geht, kannst du hier üben, es richtig zu machen.

- Suche dir zunächst drei Situationen, in denen du dich geärgert hast, nicht reklamiert zu haben. Notiere als Erstes, was eigentlich Grund zur Beschwerde gegeben hätte.

- Schreibe dann für die Zukunft auf, wie du eine anliegende Beschwerde formulieren willst. Beispiel: »Herr Ober, der Wein korkt. Sind Sie so nett und bringen Sie mir bitte einen neuen.« Rede dabei nicht um den heißen Brei herum, sondern komme freundlich, aber bestimmt gleich zum Kern des Problems. Benenne ebenso klar, was du stattdessen haben möchtest.

- Stelle dir vor, wie du die Reklamation in selbstbewusster Haltung und mit fester Stimme vorträgst. Nutze die nächste Gelegenheit, die sich bietet, entsprechend aufzutreten.

Fall 1

- Was dir eigentlich Grund zur Beschwerde gegeben hätte:

- Die Reklamation, in überzeugenden Worten formuliert:

Fall 2

- Was dir eigentlich Grund zur Beschwerde gegeben hätte:

_ _

_ _

- Die Reklamation, in überzeugenden Worten formuliert:

_ _

_ _

Fall 3

- Was dir eigentlich Grund zur Beschwerde gegeben hätte:

_ _

_ _

- Die Reklamation, in überzeugenden Worten formuliert:

_ _

_ _

Nice to know!

WER WIRD DENN GLEICH IN DIE LUFT GEHEN ...

Manche Menschen tragen eine Reklamation mit unverhältnismäßiger Heftigkeit vor. Das bedeutet nicht, dass an der Beschwerde nichts dran ist, aber sie ist allenfalls der Auslöser, nicht der wahre Grund für den Ärger. Wenn dir das öfter mal passiert, dann forsche nach den wahren Ursachen.

WAS DREI LIEBE MENSCHEN ÜBER DICH DENKEN

Unser Selbstbewusstsein stärken können wir auch durch die Wertschätzung, die uns andere entgegenbringen. Suche dir drei Menschen aus deinem Umfeld aus, die dich gut kennen und dich gern mögen, zum Beispiel einen Freund, ein Familienmitglied und einen Kollegen.
Bitte sie, sich ein paar Minuten für dich Zeit zu nehmen, um dir fünf positive Eigenschaften oder Stärken zu spiegeln. Frage sie, was sie besonders sympathisch an dir finden und was sie an dir schätzen. Schreibe es dann hier auf:

Name 1: ____________

____

____

____

Name 2: ____________

____

____

____

Name 3: ____________

____

____

____

Nice to know!

SELBSTBILD UND FREMDBILD

Weder Selbst- noch Fremdbilder sind wirklich objektiv. Denn beide sind immer auch von Annahmen, Interpretationen und persönlichen Bewertungen beeinflusst. Nimm also Selbsteinschätzungen und Feedbacks von anderen nicht automatisch für bare Münze.

Selbst- und Fremdbilder können übrigens ziemlich weit auseinanderliegen. Dennoch ist es wichtig, dass wir uns zu verschiedenen Aspekten unserer Persönlichkeit Rückmeldungen holen beziehungsweise bewusst darauf achten, wie wir auf andere wirken. Wir alle haben blinde Flecken in Bezug auf unsere Fähigkeiten, Verhaltensweisen und Persönlichkeitsmerkmale. Da kann Feedback von außen zu neuen Einsichten führen und wertvolle Denkanstöße liefern.

Was sagst du dazu? Stimmt es mit deiner Selbsteinschätzung überein? Oder eher nicht? Mache dir auch dazu Notizen:

Zu ___________

____

____

Zu ___________

____

____

Zu ___________

____

____

DEIN SELBSTBEWUSSTES BEST-OF

Du in Höchstform

Dein selbstbewusstes Best-of bist du, wenn alles so läuft, wie du es dir vorstellst. Du bist dann vermutlich fröhlich, zuversichtlich und voller Vertrauen in deine Kraft, in dein Können und ins Leben. Du sprudelst vor Energie oder bist gelassen, ruhig und vollkommen gesund. Du befindest dich an einem schönen Ort, an dem du dich sicher und wohlfühlst. Tust vielleicht Dinge, die dir Spaß machen, oder liegst einfach faul in der Sonne.
Mit der folgenden Imaginationsübung malst du dir dein Best-of im Detail aus. Sorge dafür, dass du die nächste halbe Stunde ungestört bist. Lies dir zunächst die Anleitung in Ruhe durch. Du musst sie nicht auswendig lernen, sondern kannst auch während der Imagination einen Blick ins Übungsbuch werfen. Mache es dir bequem. Du kannst sitzen oder liegen, ganz wie es dir gefällt. Schließe die Augen, wenn du möchtest, und beginne mit der Imagination.

1. Stelle dir vor, du bist vollkommen glücklich und selbstbewusst. Die Welt ist ein guter und sicherer Ort und du fühlst dich wohl und geborgen. Du bist an einem wunderschönen Platz deiner Wahl und genießt dein gesundes, kraftvolles So-Sein.
   - Wo bist du dann?
   - Was fühlst du?
   - Was siehst du?
   - Was riechst du?
   - Was schmeckst du?
   - Was hörst du?
   - Was tust du?

2. Spüre das Wohlgefühl, das dich nun durchströmt, und aale dich darin.
3. Wenn du dein selbstbewusstes Best-of klar fühlen und vor deinem inneren Auge sehen kannst, dann fotografiere es innerlich und speichere es ab. Dieses Bild kannst du von nun an immer wieder aufrufen und dich in diesen wunderbaren Zustand einfühlen. Je öfter du die Imagination wiederholst, desto schneller und leichter wird es dir gelingen und umso mehr Kraft und Zuversicht kannst du aus deinem Best-of gewinnen.
4. Verweile so lange darin, wie es dir angenehm ist. Komme dann mit deiner Aufmerksamkeit zurück ins Hier und Jetzt.

Nice to know!

DES EINEN LEID, DES ANDEREN FREUD

Zu unseren Stärken gehören Charaktereigenschaften, Talente, erlernte Fähigkeiten, Eigenarten und Gewohnheiten. Dabei gibt es nicht die Stärken schlechthin – sie sind nicht objektiv messbar. So ist zum Beispiel, was der eine als Stärke sieht, für den anderen eine Schwäche. Wenn jemand beispielsweise sehr kommunikativ ist, mag das für viele eine positive Eigenschaft sein, auf andere wirkt das gleiche Verhalten aufdringlich und geschwätzig.
Klar gibt es Stärken, die in unserer Gesellschaft besonders angesehen sind, wie Durchsetzungsvermögen oder Flexibilität. Doch letztlich obliegt die Einschätzung, was man zu seinen persönlichen Stärken zählt, jedem selbst.

STÄRKEN SELBSTBEWUSST DARSTELLEN

In der Übung »Eigene Stärken erkennen« (Seite 38) hast du aufgelistet beziehungsweise herausgefunden, was du gut kannst. Jetzt geht es darum, das zu vertiefen. Vielleicht wissen andere noch nichts von bestimmten Fähigkeiten, über die du verfügst. Man sollte auf jeden Fall lernen, selbstbewusst zum Ausdruck zu bringen, was man gut kann – ohne dabei überheblich oder angeberisch zu sein.
Indem du dein Können und deine Leistungen öfter mal positiv herausstellst, trainierst du deine Eigenmarketingsfähigkeit. Und die ist besonders im Berufsleben immer wieder gefragt. Hier kannst du »Trockenübungen« dazu machen.

- ***Greife zwei Stärken aus deiner Liste heraus.***
- ***Formuliere dann ganze Sätze dazu (»Ich kann ganz besonders gut ...« oder »Was mich auszeichnet, ist ...«).***

Damit diese Sätze hieb- und stichfest sind, sprich sie mehrmals laut aus. Dann merkst du gleich, wenn es irgendwo hakt und nicht überzeugend ist. Achte auf eine klare, selbstbewusste Stimme und prüfe, ob dir die Sätze gut über die Lippen gehen. Wenn sie zu kompliziert sind, ändere sie so lange ab, bis du sie mühelos sprechen kannst. Wenn du willst, kannst du die Übung vor einem Spiegel durchführen.

- ***Als Drittes finde zu jeder Stärke eine Situation, in der du diese auch bewiesen hast.***

Beispiel: »Was mich besonders auszeichnet, ist meine Gewissenhaftigkeit. Das habe ich während meiner Tätigkeit im Verlag, beispielsweise beim Redigieren von Manuskripten, wiederholt gezeigt.«

Nice to know!

SO GEHT IMAGINIEREN

Das Wort Imagination ist vom lateinischen Wort für »Bild« abgeleitet und bedeutet: Vorstellungsvermögen, bildhaftes Denken. Bei einer Imagination rufen wir mithilfe unserer Fantasie Situationen und Begebenheiten hervor, die wir für erstrebenswert halten, wenngleich sie in diesem Moment so nicht gegenwärtig sind. Wie beim Träumen öffnen wir damit das Fenster zu unserem Unbewussten. Im Gegensatz zum Träumen gestalten wir jedoch beim Imaginieren die Szenen selbst. Dabei werden zumeist alle Sinne mit einbezogen.

Imaginationen lassen sich am besten im entspannten Zustand durchführen. Es geht darum, rein positive Gefühle und Erlebnisse zu erzeugen, auf die man später Zugriff hat. Dafür müssen die Imaginationen immer wieder geübt werden. So können wir die positiven Bilder verinnerlichen und dann abrufen, wenn sie uns stärken sollen.

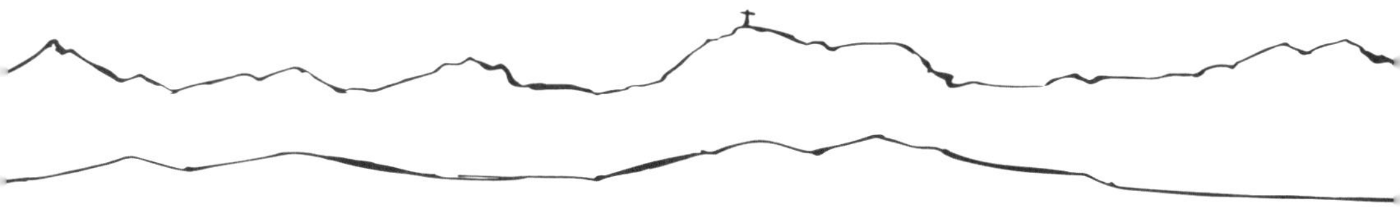

EIGENE STÄRKEN ERKENNEN

In dieser Übung geht es darum, den eigenen Stärken auf die Spur zu kommen. Das ist nicht so leicht, denn oftmals schwirren Sätze wie »Eigenlob stinkt« oder »Sei bescheiden!« im Kopf herum. Eine weitere Schwierigkeit ist, dass viele Menschen ihre Fähigkeiten für nichts Besonderes halten.
Wenn du nun deine Stärken unter die Lupe nimmst, dann sei dir gegenüber wohlgesonnen und großzügig. Denke dabei auch an Feedback und Komplimente, die du von anderen bekommen hast, und schätze dich selbstbewusst ein.

Notiere 10 Stärken von dir:

1. ________________________
2. ________________________
3. ________________________
4. ________________________
5. ________________________
6. ________________________
7. ________________________
8. ________________________
9. ________________________
10. ________________________

Nice to know!

DES EINEN LEID, DES ANDEREN FREUD

Zu unseren Stärken gehören Charaktereigenschaften, Talente, erlernte Fähigkeiten, Eigenarten und Gewohnheiten. Dabei gibt es nicht die Stärken schlechthin – sie sind nicht objektiv messbar. So ist zum Beispiel, was der eine als Stärke sieht, für den anderen eine Schwäche. Wenn jemand beispielsweise sehr kommunikativ ist, mag das für viele eine positive Eigenschaft sein, auf andere wirkt das gleiche Verhalten aufdringlich und geschwätzig.
Klar gibt es Stärken, die in unserer Gesellschaft besonders angesehen sind, wie Durchsetzungsvermögen oder Flexibilität. Doch letztlich obliegt die Einschätzung, was man zu seinen persönlichen Stärken zählt, jedem selbst.

STÄRKEN SELBSTBEWUSST DARSTELLEN

In der Übung »Eigene Stärken erkennen« (Seite 38) hast du aufgelistet beziehungsweise herausgefunden, was du gut kannst. Jetzt geht es darum, das zu vertiefen. Vielleicht wissen andere noch nichts von bestimmten Fähigkeiten, über die du verfügst. Man sollte auf jeden Fall lernen, selbstbewusst zum Ausdruck zu bringen, was man gut kann – ohne dabei überheblich oder angeberisch zu sein.
Indem du dein Können und deine Leistungen öfter mal positiv herausstellst, trainierst du deine Eigenmarketingsfähigkeit. Und die ist besonders im Berufsleben immer wieder gefragt. Hier kannst du »Trockenübungen« dazu machen.

- ***Greife zwei Stärken aus deiner Liste heraus.***
- ***Formuliere dann ganze Sätze dazu (»Ich kann ganz besonders gut ...« oder »Was mich auszeichnet, ist ...«).***

Damit diese Sätze hieb- und stichfest sind, sprich sie mehrmals laut aus. Dann merkst du gleich, wenn es irgendwo hakt und nicht überzeugend ist. Achte auf eine klare, selbstbewusste Stimme und prüfe, ob dir die Sätze gut über die Lippen gehen. Wenn sie zu kompliziert sind, ändere sie so lange ab, bis du sie mühelos sprechen kannst. Wenn du willst, kannst du die Übung vor einem Spiegel durchführen.

- ***Als Drittes finde zu jeder Stärke eine Situation, in der du diese auch bewiesen hast.***

Beispiel: »Was mich besonders auszeichnet, ist meine Gewissenhaftigkeit. Das habe ich während meiner Tätigkeit im Verlag, beispielsweise beim Redigieren von Manuskripten, wiederholt gezeigt.«

Stärke 1

- Deine Stärke, formuliert in einem Satz:

- Eine Situation, in der du deine Stärke unter Beweis stellen konntest:

Stärke 2

- Deine Stärke, formuliert in einem Satz:

- Eine Situation, in der du deine Stärke unter Beweis stellen konntest:

Übungsalternative

Sobald du genug geübt und dir deine Stärken bewusst gemacht hast, kannst du die Übung auch in deinen Alltag integrieren. Nutze Gelegenheiten, in denen du üben kannst, deine Stärken zum Ausdruck zu bringen. Wenn du beispielsweise eine Aufgabe übernimmst, kannst du sagen: »Das mache ich sehr gern, denn … kann ich wirklich gut.«

DER ERSTE EINDRUCK

»Für den ersten Eindruck gibt es keine zweite Chance«, sagt der Volksmund. Und da ist was dran. In Sekundenschnelle machen wir uns ein Bild von jemandem, den wir neu kennenlernen. So wird auch der erste Eindruck in Vorstellungsgesprächen mit in die Bewertung einbezogen. Beispielsweise schließt man aufgrund der Festigkeit des Händedrucks auf die Durchsetzungsstärke. Neben Sympathie, Vertrauenswürdigkeit und Kompetenz schätzen wir während des ersten Eindrucks bewusst oder unbewusst auch das Selbstbewusstsein unseres Gegenübers ein. Grund genug, dich näher damit zu beschäftigen, wie du dich beim ersten Kennenlernen gibst.

Erinnere dich an eine Kennenlern-Situation, die du in letzter Zeit hattest. Folgende Überlegungen können dir dabei helfen:

- Wie fest war dein Händedruck?
- Wie waren Körpersprache und -haltung?
- Konntest du Blickkontakt halten?
- Wie hast du deine Stimme empfunden?
- Welche Worte hast du gewählt?

Als wie selbstbewusst schätzt du den ersten Eindruck ein, den du in dieser Situation gemacht hast?

Was möchtest du an deinem Auftreten verändern?

\- -

\- -

➧ Achte beim nächsten Kennenlernen von Menschen bewusst darauf, wie du dich verhältst. Und setze sogleich um, was du verändern möchtest.

Nice to know!

BEIM ERSTEN MAL ÜBERZEUGEN

- Das Erste, was wir beim Kennenlernen wahrnehmen, sind Körpersprache sowie Kleidung und Duft eines Menschen. Selbstbewusst und sympathisch wirken ein aufrechter Gang mit guter Körperspannung, ein erhobenes Haupt und offene, freundliche Zuwendung. Die Kleidung sollte selbstverständlich gepflegt sein.
- Forscher fanden heraus, dass wir Menschen umso sympathischer finden, je mehr Gemeinsamkeiten wir mit ihnen teilen. Das bedeutet für die Kleiderwahl, sich in einem bestimmten Kontext dem anzupassen, was die anderen tragen. Bedeutsam ist wie gesagt auch der Einfluss unseres Geruchs: Verwenden wir zu viel Parfüm, geht der Schuss schnell nach hinten los, denn das wirkt abstoßend. Optimalerweise sollte der Duft knapp unter der bewussten Wahrnehmungsschwelle bleiben.
- Ein weiterer Selbstbewusstseinsindikator ist der Handschlag. Normalerweise dauert er drei bis vier Sekunden. Ganz wichtig: Er muss fest sein. Dabei schaut man seinem Gegenüber in die Augen. Auch im darauffolgenden Gespräch ist der Blickkontakt relevant. Wir signalisieren damit, dass wir aufgeschlossen und mit unserem Gegenüber auf Augenhöhe sind.
- Und nicht zuletzt tragen Stimme und Wortwahl wesentlich dazu bei, ob wir souverän und sympathisch wirken. Wenn wir betont, deutlich und kraftvoll sprechen, zeigen wir, dass wir selbst von dem überzeugt sind, was wir sagen. Das überzeugt auch die anderen.

★★★

DER POSITIVE INNERE DIALOG

Selbstgespräche

Mit keinem anderen Menschen reden wir so ausgiebig wie mit uns selbst. Doch meist fließen diese inneren Selbstgespräche unbewusst und unkontrolliert vor sich hin. Nicht selten sind sie negativ gefärbt und wir verurteilen uns oder machen uns klein.
Das kann sich bei einem gemachten Fehler so anhören: »Bin ich denn zu allem zu blöd?!« Oder vor einer Herausforderung: »Um Himmels willen, das schaff ich nie …« Doch wir sind, was wir denken, denn der innere Dialog hat wesentlichen Einfluss auf unser Handeln und unsere Stimmung und damit auf unsere Leistung und unser Wohlbefinden. Deshalb sind bewusste positive und liebevolle Zwiegespräche so wichtig.
In dieser Übung geht es darum, immer wieder gedachte negative Selbstgespräche aufzuspüren und durch positive, aufbauende zu ersetzen. Überlege zunächst, welche dich selbst abwertenden Sätze du dir immer wieder sagst, beispielsweise bei Fehlern, Problemen und vor Aufgaben, aber auch über dein Aussehen oder dein Verhalten gegenüber bestimmten Personen. Trage diese Sätze in die linke Spalte der Tabelle ein. Schreibe dann in die rechte Spalte, durch welche positiven Sätze du sie ersetzen möchtest.

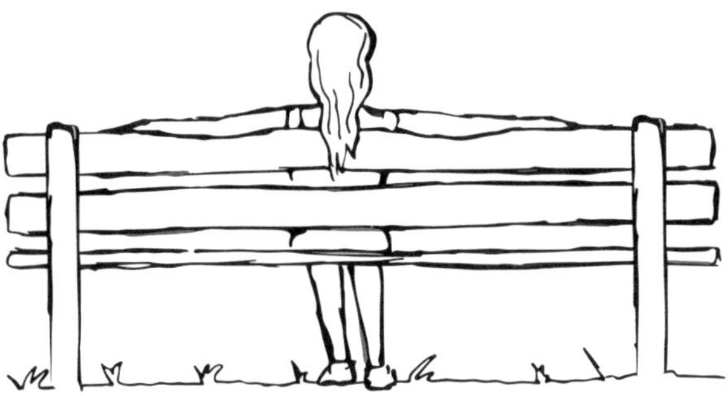

Negativer Satz, Selbstabwertung	Neuer, positiver Satz, Selbstwertschätzung
Beispiel: Um Himmels willen, das schaff ich nie.	Ich werde die Aufgabe Schritt für Schritt abarbeiten und mir wo nötig Hilfe holen.

Werde dir deiner inneren Dialoge mit der Zeit mehr und mehr bewusst und rede immer liebevoller und bestärkender mit dir. Das ist eine Daueraufgabe und nichts, was von heute auf morgen gelingt. Doch wenn du dranbleibst, wirst du bald spüren, welche enorm positive Auswirkung das auf dein Selbstwertgefühl hat.

KOMPLIMENTE MACHEN

Ehrliche Komplimente von anderen sind Geschenke, die unser Herz erfreuen und das Selbstwertgefühl stärken. Umso erstaunlicher ist es, dass sich so viele Menschen damit schwertun. Sie wiegeln ab, schämen sich oder meinen, im Gegenzug ebenfalls ein Kompliment aussprechen zu müssen. Auch wenn wir selbst jemand anderem ein aufrichtiges Kompliment machen, wirkt sich das positiv auf uns aus. Doch das bereitet manchen ebenso sehr Probleme. Ein Kompliment will ihnen einfach nicht über die Lippen kommen. Dabei zeugt es von Selbstbewusstsein. Man zeigt, dass man es nicht nötig hat, den anderen klein zu machen, um sich selbst groß zu fühlen. Andere können auch erfolgreich, gut aussehend, überzeugend im Job und so weiter sein. Das tut den eigenen Qualitäten keinen Abbruch, sondern zeugt von wahrer Souveränität.

Nice to know!

VORZÜGE ERKANNT, VORZÜGE BENANNT

Tief berühren kannst du mit einem Kompliment, wenn es widerspiegelt, was einer Person wirklich wichtig ist oder woran sie selbst gearbeitet hat. Das kann ein Projekt sein, das gut gestemmt wurde, oder eine schöne Wohnungsgestaltung. Solche Aufmerksamkeiten bleiben im Gedächtnis und beflügeln. Auch mit einem »Das Kleid steht Ihnen sehr gut!« kannst du deinem Gegenüber ein Lächeln ins Gesicht zaubern.
Wahllos Komplimente zu verteilen ist aber sicher nicht richtig. Dann nimmt einem keiner mehr ab, dass man es ernst meint.

Überlege, wem du gern ein Kompliment machen möchtest. Frage dich, was du an der Person schätzt, und notiere, wie du es sagen willst:

Name 1: ___________

____

____

____

Name 2: ___________

____

____

____

Name 3: ___________

____

____

____

Sprich die Komplimente bei passender Gelegenheit aus und erfreue dich an der Reaktion des anderen. Lasse dich nicht entmutigen, wenn der andere es abtut. Ehrlich gemeinte Komplimente sind immer Geschenke, überlasse es dem anderen, ob er es annehmen möchte oder nicht.

Fällt es dir selbst schwer, Komplimente anzunehmen? Dann probiere beim nächsten Mal aus, dich einfach daran zu erfreuen, nichts weiter dazu zu sagen – schon gar nichts Abwertendes – als ein von Herzen kommendes »Danke«.

EIN GESPRÄCH BEENDEN, DAS DICH NERVT

Langweilige oder nervige Gespräche zu beenden gehört zu der gesunden Fähigkeit, sich abzugrenzen und Nein zu sagen. Doch oft ist es gar nicht so leicht, sich der lieben, aber einsamen Tante zu entziehen. Oder man gerät auf einer Party an einen Profilneurotiker oder eine Plaudertasche, die ohne Punkt und Komma nur über sich selbst oder über langweilige Themen sprechen.
In dieser Übung geht es darum, sich von Menschen, die einen in Beschlag nehmen, höflich, aber bestimmt zu distanzieren.

Bei wem oder in welchen Situationen ärgerst du dich immer wieder, weil du einen Monolog über dich ergehen lässt?

_ _

_ _

Was hindert dich daran, das Gespräch zu beenden? Vielleicht willst du den anderen nicht verärgern oder dir fehlen die richtigen Worte.

_ _

_ _

Welchen Preis musst du dafür zahlen, dass du solche Gespräche nicht beendest?
Vielleicht kommst du daraufhin immer wieder zu spät oder du schaffst nicht das, was du dir vorgenommen hast. Oder du beschimpfst dich selbst, weil du deine Zeit so verschwendest (dann mache bitte die Übung »Den inneren Kritiker bändigen« auf Seite 18).

_ _

_ _

_ _

Schreibe auf, mit welchen Worten du solche Gespräche von nun an beenden möchtest:

_ _

_ _

_ _

_ _

Vier Schritte, um ein Gespräch elegant zu beenden:

1. Überlege dir – wenn möglich schon vorher –, wie viel Zeit du dir für den Gesprächspartner nehmen möchtest. Informiere ihn darüber, so wird er nicht durch einen plötzlichen Abschied überrascht.
2. Kündige deinen Abschied rechtzeitig noch einmal an. Das kann bei einem Besuch zwanzig Minuten bevor du gehst sein, bei einem Telefonat fünf Minuten vor dem Ende. So hat dein Gesprächspartner noch die Möglichkeit, ihm wichtige Dinge anzusprechen.
3. Verwende einen freundlichen, passenden Abschlusssatz, beispielsweise: »Es war schön, dich wiederzusehen. Jetzt mache ich mich auf den Heimweg.« Damit leitest du das Ende des Gesprächs ein.
4. Wende neue Gesprächsangebote deines Gegenübers gegebenenfalls ab mit einem Satz wie: »Das ist sehr interessant, doch leider können wir das jetzt nicht mehr besprechen.« Oder: »Gern würde ich mich mit dir noch unterhalten, doch ich habe jetzt einen Termin.« Verabschiede dich und gehe.

WÜNSCH DIR WAS

Fällt es dir schwer, deine Wünsche zu äußern? Dann kann dir diese Übung helfen, das ab sofort selbstbewusst und freundlich zu tun.
Vielleicht möchtest du, dass dein Lebenspartner oder ein lieber Mensch mehr Zeit mit dir verbringt oder dass eine Kollegin dir bei einem Projekt hilft. Oder du willst im Urlaub endlich mal nicht wandern gehen, sondern eine Städtereise machen.

Überlege dir zwei Dinge, die du dir von jemand anderem wünschst.

Name 1: ____________

Wunsch: ______________________________

Name 2: ____________

Wunsch: ______________________________

Schreibe nun auf, wie du deine Wünsche jeweils äußern möchtest.
Wichtig dabei ist, dass du sie deutlich und konkret formulierst. Sprich nicht durch die Blume und baue auch nicht darauf, dass der andere schon versteht, was du meinst. Also nicht: »Es muss mal wieder eingekauft werden!«, sondern: »Ich bitte dich, morgen die Lebensmittel fürs Wochenende einzukaufen.« Achte darauf, dass du dich dabei weder selbst abwertest noch dich entschuldigst. Sätze wie »Ich bin zu blöd dazu« oder »Ich bin grad so unter Druck, könntest du nicht ...« vermitteln kein Selbstbewusstsein. Wichtig ist auch, dass du Ich-Botschaften verwendest.

____

____

____

____

Nice to know!

DAS KLEINE EINMALEINS DES WÜNSCHENS

Es gibt viele Gründe, weshalb Menschen nicht sagen, was sie gern hätten. Die einen haben Angst, für egoistisch gehalten zu werden, andere schätzen die Bedürfnisse ihrer Mitmenschen für wichtiger ein als die eigenen. Wieder andere möchten ihr Gegenüber nicht in die Lage bringen, ihre Bitte abschlagen zu müssen, oder haben Angst vor einer Absage. Manche halten es für eine Schwäche, andere um etwas zu bitten, oder haben Angst vor der Verpflichtung, die sie glauben, eingehen zu müssen, wenn ihr Wunsch erfüllt wird. Oft spielen auch ein übergroßes Harmoniebedürfnis oder die Angst vor Autoritäten, beispielsweise Chefs oder Ärzten, eine Rolle.

Das solltest du wissen und verinnerlichen: Alle Menschen haben das Recht, ihre Wünsche und Bedürfnisse zum Ausdruck zu bringen. Dabei trägt der Wünschende nur die Verantwortung für den eigenen Wunsch, keinesfalls aber für die Reaktion und die Situation des anderen. Wie der Wunsch oder die Bitte ankommt, obliegt allein dem Gegenüber. Und: Ein Wunsch kann auch abgeschlagen werden. Der andere hat das Recht, Nein zu sagen und die Bitte abzulehnen.

Achte darauf, deinen Wunsch nicht zwischen Tür und Angel vorzutragen, und sprich in einem ruhigen, freundlichen Ton. Halte dabei Blickkontakt. Wenn dein Wunsch abgeschlagen wird, versuche herauszufinden, weshalb. Zeige dann wo möglich Alternativen auf. Wenn deinem Wunsch entsprochen wird, freue dich darüber und nimm es ohne schlechtes Gewissen an.

ICH WÄR SO GERN WIE DU!

Täglich vergleichen wir uns bewusst oder unbewusst mit anderen. Das ist tief in uns verwurzelt und passiert in Sekundenschnelle. Wir tun das, weil wir das Bedürfnis haben, uns in der Welt einzuordnen, und oft verleiht uns das Impulse, die uns dazu bringen, uns weiterzuentwickeln.

Ungut wird das Vergleichen, wenn wir uns dadurch abwerten, klein machen oder zu überzogenen Leistungen zwingen, die uns fertig- und unglücklich machen. Typische Beispiele hierfür sind die Höhe des Gehaltes, äußere Merkmale und Besitztümer.

Nice to know!

VERGLEICH IST NICHT GLEICH VERGLEICH

Es gibt verschiedene Arten von Vergleichen. Zum einen sind es die sogenannten Aufwärtsvergleiche. Hier messen wir uns mit Menschen, die eine Eigenschaft oder eine Verhaltensweise besitzen, die wir selbst auch gern hätten. Das kann uns motivieren und wir lernen von den Personen, wie es geht. Es kann aber auch unser Selbstwertgefühl schwächen und uns in mühevolle und vielleicht aussichtslose Konkurrenzkämpfe verstricken.

Umgekehrt gibt es Abwärtsvergleiche. Dann schauen wir auf Merkmale, in denen uns ein anderer unterlegen ist. Das ist eine beliebte Methode, um das eigene Selbstwertgefühl zu erhöhen. Was allerdings auf diese Weise nicht wirklich funktioniert.

Hier hast du Gelegenheit zu reflektieren, welche Vergleiche dir mehr schaden als nützen. Nimm dafür kritisch unter die Lupe, mit wem du dich misst und worin. Entscheide dann, wie du zukünftig damit umgehen und welche Vergleiche du stoppen möchtest.

Vergleich mit wem?	Worin?	Was macht das mit dir?	Wie gehst du ab sofort damit um?
Beispiel: Angelika	schlanke Figur	Ich fühle mich zu dick, wertlos und trage keine schönen Kleider mehr	Vergleich stoppen, mich akzeptieren, wie ich bin, mich beim Kleiderkauf beraten lassen

DEINE MEINUNG VERTRETEN

Ich bin dafür!

»Was könnte der andere von mir denken?« oder »Was könnte mir passieren, wenn ich das jetzt sage?« – solche Sorgen machen sich Menschen, die mit ihrer Meinung lieber hinter dem Berg halten. Doch das hat seinen Preis, denn wer seinen Standpunkt nicht vertritt, ist nicht greifbar, nicht überzeugend und es fällt ihm schwerer, eigene Ziele zu erreichen. Daher ist es wichtig, dass du deine Ansicht eindeutig und klar äußerst. Wenn du dabei freundlich bleibst und nicht andere verletzt oder gar rechthaberisch auftrittst, wird das in der Regel auch keine Konflikte nach sich ziehen.
Manchmal ist es allerdings unumgänglich, dass du jemandem widersprechen musst und dass eine Auseinandersetzung entsteht. Doch auch damit kannst du selbstbewusst und souverän umzugehen lernen.

Nice to know!

SO GEHT'S LEICHT

Traue dich, deine Meinung zu sagen, wenn dir etwas wichtig ist. Stelle dazu im Vorfeld folgende Überlegungen an:

- Was genau ist deine Aussage?
- Welche Informationen, welches Hintergrundwissen hast du bereits?
- Welche Argumente hast du?

Je besser du dich vorbereitest und je fundierter deine Argumente sind, desto leichter wird es dir fallen, deine Meinung vorzutragen, und desto schwieriger wird es sein, dich zu verunsichern. Bleibe beim Äußern deiner Meinung sachlich. Das heißt nicht, dass du keine Begeisterung zeigen darfst, doch Aggressivität oder Hysterie sind in jedem Fall fehl am Platz. Lasse dich nicht überrumpeln und wiederhole deine Argumente gegebenenfalls noch einmal freundlich, aber bestimmt. Überlege dir auch im Vorfeld, wie du deine Aussage einleiten möchtest. Du kannst beispielsweise fragen: »Was haltet ihr von folgender Idee?« Oder du führst deine Meinung positiv ein mit einem Satz wie: »Ich denke, das könnte eine gute Lösung sein.«

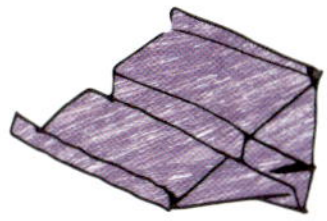

- Wem gegenüber willst du deine Meinung als Nächstes vertreten?

_ _

- Was ist deine Aussage?

_ _

- Welche Informationen und Hintergründe sind dir bekannt?

_ _

- Welche Argumente hast du?

_ _

- Wie leitest du deine Meinungsaussage ein?

_ _

- Welche Hürden oder Gegenargumente könnten auftauchen?

_ _

- Wie gehst du damit um?

_ _

GEFÜHLE WAHRNEHMEN UND GUT FÜR DICH SORGEN

Zu einem ausgeprägten Selbstbewusstsein gehört auch, sich über seine Gefühle im Klaren zu sein und diese gegebenenfalls zum Ausdruck zu bringen. Nicht immer gelingt es gleich, die eigenen Gefühle zu benennen. So haben wir vielleicht schlechte Laune und wissen nicht genau, warum. Oder wir sind verwirrt und von einem wilden Gefühlsmix durchflutet. Je öfter du hinspürst zu dem, was da gerade in dir abläuft, desto besser kannst du damit umgehen. Diese Übung ist besonders aufschlussreich, wenn du aufgrund eines Ereignisses einen deutlichen Stimmungswechsel verspürt hast oder wenn du nicht recht weißt, wie dir geschah. Vielleicht findest du es jetzt heraus. Beschreibe im Folgenden genau, was in dir vorging.

Rufe dir für diese Übung verschiedene Situationen ins Gedächtnis, die deine Gefühle bewegt haben, sei es in positive oder in negative Richtung.

Situation 1

Situation 2

Situation 3

Nice to know!

DAS GESCHENK DEINER GEFÜHLE

Wenn du dir die Mühe machst, intensiv in dich hineinzuspüren, und versuchst, deine Gefühle genauer zu differenzieren, bekommst du mit der Zeit ein immer besseres Gespür für dich und lernst die Ursachen für deine Freude, Trauer, Wut, Angst, Scham oder Schuld besser kennen. Dann kannst du gezielt ausdrücken, was dich bewegt, und bist in der Lage, konkret etwas dafür zu tun, einen gewünschten Zustand wieder herbeizuführen oder einen unangenehmen abzustellen. Mit anderen Worten: Du bist somit imstande, gut für dich zu sorgen. Zum anderen kannst du dann auch deiner Umwelt mitteilen, was dich bewegt. Das macht dich nahbar und besser einschätzbar. Dies wiederum ermöglicht bessere Beziehungen.

Wann ging es dir das letzte Mal so richtig gut? Notiere, was du dabei empfunden hast, und auch, was dazu geführt hat.

_ _

_ _

Wie kannst du künftig dafür sorgen, dass es dir möglichst oft gut geht?

_ _

_ _

Spüre im Alltag immer wieder hin zu deinen gegenwärtigen Gefühlen. Kannst du sie benennen? Was ist der Grund oder der Auslöser? Wenn es dir schlecht geht, dann überlege, was du brauchst, damit es dir besser geht.

BITTE NICHT RECHTFERTIGEN!

Menschen rechtfertigen sich für ihre Einstellung zu gewichtigen Themen, etwa zum Thema Abtreibung oder zu aktuellen politischen Debatten. Aber auch zu Nebensächlichkeiten, beispielsweise warum sie gerade keinen Alkohol trinken oder weshalb sie sich ein Paar Schuhe gekauft haben, meinen viele Rechenschaft ablegen zu müssen.
Doch wer sich rechtfertigt, macht sich klein. Wer hingegen Verantwortung für seine Meinung und sein Handeln übernimmt, zeigt innere Stärke und wird als selbstbewusst wahrgenommen.

Nice to know!

RECHTFERTIGUNG, ENTSCHULDIGUNG, ERKLÄRUNG – DIE UNTERSCHIEDE

Was ist der Unterschied zwischen einer Rechtfertigung, einer Entschuldigung und einer Erklärung?

- Bei Rechtfertigungen bemühen wir uns, anderen Menschen darzulegen, warum wir anders denken oder handeln als sie. Dabei vertreten wir nicht einfach klar unsere Meinung oder verfahren wortlos, wie wir verfahren wollen, sondern schildern in Vorwegnahme der Kritik der anderen, warum wir deren Erwartungen oder Ansichten nicht erfüllen und uns anders verhalten.
- Mit Entschuldigungen geben wir Fehler zu und bedauern die Konsequenzen. Dabei übernehmen wir Verantwortung für unser Tun.
- Bei Erklärungen sagen wir unsere Meinung und erläutern unsere Beweggründe, ohne uns klein zu machen oder anpassen zu wollen.

Manchmal ist es schwierig, den Unterschied zwischen einer Erklärung und einer Rechtfertigung auszumachen. Ob eine Aussage wie eine Rechtfertigung wirkt, hat auch sehr viel damit zu tun, in welchem Tonfall und mit welcher Körpersprache sie zum Ausdruck gebracht wird. Eine Erklärung kommt zum Punkt und wird selbstbewusst vorgetragen. Rechtfertigungen hingegen ziehen oft einen Rattenschwanz von Argumenten oder Erläuterungsversuchen hinter sich her.

Streiche Rechtfertigungen aus deinem Leben. Erkennen kannst du sie beispielsweise an Sätzen, die mit »Ich musste ja …« beginnen. Auch Aussagen, die mit »Aber …« eingeleitet werden, sind ebenfalls oft Rechtfertigungen.

In welchen Situationen, bei welchen Themen und wem gegenüber rechtfertigst du dich?

1. _________________________

2. _________________________

3. _________________________

4. _________________________

5. _________________________

Wie fühlst du dich, wenn du dich rechtfertigst?

____

____

____

Wie kannst du mit derlei Situationen künftig umgehen? Wie lassen sich deine Aussagen selbstbewusst als Erklärungen formulieren?

____

____

____

SCHWÄCHEN SIND VERBORGENE STÄRKEN

Nicht schwach werden!

Ein Grundpfeiler eines starken Selbstwertgefühls besteht darin, die eigenen Schwächen akzeptieren zu können. Jeder Mensch hat Schwächen und wird immer welche haben. Es wäre illusorisch zu glauben, dass wir durch permanente Selbstverbesserung irgendwann perfekte Menschen würden. Und es wäre unendlich mühsam, all das, was wir als Schwäche einstufen, verändern zu wollen. Das heißt nicht, dass wir das, was wir an uns nicht mögen, nicht auch verändern könnten und sollten. Doch wir können erst dann anfangen, uns zu verändern, wenn wir erkennen und annehmen, wie wir sind.
Hinzu kommt: Was der eine als Schwäche bewertet, sieht ein anderer als Stärke. Wenn jemand beispielsweise sehr genau ist, beurteilt der eine das als gut und erstrebenswert, ein anderer hält es für Pedanterie.
Daher solltest du das, was du als deine Schwächen ansiehst, einmal dahingehend beleuchten, welche Stärken darin stecken. Kleiner Tipp: Vergleiche deine neu erkannten Stärken doch mal mit den Stärken, die du auf Seite 38 aufgelistet hast. Vielleicht gibt es Überschneidungen – oder aber du entdeckst bislang unerkannte Zusammenhänge!

Schreibe zehn Schwächen in die linke Spalte der Tabelle.
Diese Überlegungen können dir auf die Sprünge helfen:

- Welche Eigenschaften und Charakterzüge magst du an dir nicht?
- Was kannst du an dir am wenigsten leiden?
- Wo mangelt es dir an Wissen und Fähigkeiten?
- Wofür schämst du dich immer wieder?

Finde dann zu jeder (!) Schwäche mindestens eine Stärke, die darin vielleicht unerkannt – und, weil sie noch nicht zum Einsatz kam, bislang unentwickelt – schlummert.

Schwäche	darin verborgene Stärke

★★★ UNABHÄNGIGER VON DER MEINUNG ANDERER SEIN

In dieser Übung geht es darum, dir bewusst zu machen, wem du es immer recht machen willst oder wem du unter allen Umständen gefallen möchtest. Vielleicht hast du bei manchen auch das Gefühl, besonders um deren Anerkennung ringen zu müssen.

Schreibe drei Menschen auf, bei denen das der Fall ist:

1. _

2. _

3. _

Wähle jetzt eine Person davon aus: _ _ _ _ _ _ _ _ _ _ _ _ _ _ _

- Warum ist dir ihr Urteil so wichtig und welche Konsequenzen befürchtest du, wenn du dich so verhalten würdest, wie du es eigentlich willst?

- Was macht das überhaupt mit dir?

- Überlege, ob die Konsequenzen tatsächlich so schlimm wären wie befürchtet. Und ob sie es wert sind, dass du dich weiterhin verbiegst.

Wäge nun gut ab: Willst du weitermachen wie bisher und dich anpassen? Oder ist es dir wichtiger, das zu sagen und zu tun, was du wirklich willst?

○ Weiter wie bisher ○ Mein Ding machen

Wenn du dich entschließt, dein Verhalten zu ändern, schreibe auf, wie du damit anfangen willst.

Mein erster Schritt:

Du kannst diese Übung für alle Personen durchführen, die du benannt hast. Auf den nächsten Seiten hast du Platz, dir Notizen dazu zu machen. Doch fange erst mal bei einer Person an, dein Verhalten zu ändern. Nimm dir nicht zu viel auf einmal vor. Du wirst sehen: Je öfter du zu dir stehst, desto leichter fällt es dir mit der Zeit, dich von der Meinung anderer unabhängiger zu machen. Und nur Mut, denn erfreulicherweise ist es zumeist so, dass wir nach anfänglicher Irritation von anderen viel respektvoller und freundlicher behandelt werden als zuvor.

Person 2: _

- Warum ist dir ihr Urteil so wichtig und welche Konsequenzen befürchtest du, wenn du dich so verhalten würdest, wie du es eigentlich willst?

- Was macht das überhaupt mit dir?

- Überlege, ob die Konsequenzen tatsächlich so schlimm wären wie befürchtet. Und ob sie es wert sind, dass du dich weiterhin verbiegst.

Person 3: _

- Warum ist dir ihr Urteil so wichtig und welche Konsequenzen befürchtest du, wenn du dich so verhalten würdest, wie du es eigentlich willst?

- Was macht das überhaupt mit dir?

- Überlege, ob die Konsequenzen tatsächlich so schlimm wären wie befürchtet. Und ob sie es wert sind, dass du dich weiterhin verbiegst.

Nice to know!

SICH TREU BLEIBEN

Viele Menschen zerbrechen sich den Kopf darüber, was andere über sie denken, und legen Wert auf deren Einschätzung und Meinung. Das kann dazu führen, dass sie sich über die Maßen anpassen und vieles unterlassen, um nicht aufzufallen oder um nicht abgelehnt zu werden. Im schlimmsten Fall richten sie ihr ganzes Leben darauf aus, den Erwartungen anderer zu entsprechen, und leben an dem vorbei, was sie sich eigentlich wünschen.

Das ist schade. Zudem führt der Versuch, von allen gemocht zu werden, oft zum Gegenteil, denn Menschen haben ein sicheres Gespür dafür, was echt ist und was nicht. Daher geht der Versuch, es allen recht zu machen, oft nach hinten los, da das als nicht greifbar, substanzlos oder gar manipulativ gewertet werden kann. Und das schafft keine Sympathie.

Es ist sicherlich in Ordnung, wenn wir uns fragen, was andere von dem halten, was wir tun. Doch sich von der Meinung anderer abhängig zu machen, ist fatal. Denn trotz aller Mühen liegt es nie in unserer Macht, was andere über uns sagen oder denken. Wie wir jedoch darauf reagieren, haben wir in der Hand. Wir können lernen, mehr auf uns selbst zu vertrauen, zu unserer Meinung zu stehen und zu tun, was wir für richtig halten.

SCHWEIGEN AUSHALTEN

Du sitzt in einer bis eben noch geselligen Runde, doch auf einmal sagt keiner mehr etwas. Du beendest deinen Vortrag und niemand reagiert. Oder du stellst eine Frage und bekommst von deinem Gegenüber mindestens eine gefühlte Ewigkeit lang keine Antwort.

Es gibt eine Menge Situationen, in denen plötzliches Schweigen entsteht. Viele werden dann unruhig und empfinden die Stille als beklemmend. Manch einer hält das nicht aus und quasselt einfach los – Hauptsache, es wird wieder etwas gesagt. Andere fangen an rumzustammeln. Wieder andere winden sich innerlich und möchten der Situation am liebsten entfliehen. Kennst du das auch?

Das Gute ist: Schweigen entspannt auszuhalten oder gelassen darauf zu reagieren kannst du lernen. Lies zunächst die »nice to know«-Infos auf der gegenüberliegenden Seite durch.

Bei wem und in welchen Situationen fällt es dir schwer, die Stille für eine Weile auszuhalten?

Was kannst du tun, um dich künftig locker und zwanglos zu verhalten?

Nice to know!

AUF VERSCHIEDENE ARTEN DES SCHWEIGENS REAGIEREN

Um in Situationen des Schweigens angemessen zu reagieren, ist es zunächst wichtig zu erkennen, was eigentlich passiert. Dann kannst du entscheiden, wie du dich verhalten möchtest.

- Eisiges Schweigen: Es entsteht oft in Konfliktsituationen oder bei Missverständnissen. Hier ist es am besten, das anzusprechen. Beispiel: »Ich empfinde die Stimmung jetzt als sehr unterkühlt. Habe ich dich verletzt?«
- Peinliches Schweigen: Stockt ein Gespräch plötzlich oder kommt gar nicht erst in Gang, beispielsweise beim Small Talk auf einer Party, kannst du entweder ein neues Thema einbringen oder das Schweigen selbst thematisieren. Beispiel: »Uh, genau davor habe ich immer etwas Bammel. Peinliches Schweigen. Geht euch das auch so?«
- Ratloses Schweigen: Alle werden von etwas überrascht oder keiner weiß eine Lösung. Die Stille, die entsteht, ist normal und muss nicht unangenehm sein. Wenn das Gespräch jedoch gar nicht wieder in Gang kommt, kannst du noch einmal zusammenfassend auf den Punkt bringen, worum es geht, oder fragen, was die anderen jetzt beschäftigt. Manchmal lässt sich die Situation auch mit einer Prise Humor auflockern.
- Angemessenes Schweigen: Wenn einer der Beteiligten vor einer Antwort noch etwas Bedenkzeit braucht, kann eine Schweigepause sinnvoll sein. Diese Stille gilt es auszuhalten. Atme ruhig weiter und halte Blickkontakt. Nimm dir die Zeit, die du brauchst, beziehungsweise gewähre sie dem anderen. Selbstverständlich kannst du dies auch äußern: »Darüber muss ich erst nachdenken. Dafür brauche ich noch etwas Zeit.«
- Schweigen ist oft auch in traurigen oder sehr berührenden Momenten angebracht. Atme auch hier ruhig weiter, bleibe zugewandt und finde nach einer Weile tröstende oder kräftigende Worte, um die Stille zu beenden.

LASSE DICH BERATEN, OHNE ZU KAUFEN

Wolltest du schon immer mal wissen, wie du in einem schicken Ballkleid oder in einem edlen Smoking aussiehst? Hat dich vielleicht schon lange interessiert, was diese hypermoderne Kamera alles kann? Oder wie sich der teure Wagen fährt? Dann ist es höchste Zeit, das auszuprobieren!
Lasse dir das Objekt deiner Träume ausgiebig zeigen und erklären, auch wenn du nicht vorhast, es dir tatsächlich zu kaufen. Das brauchst du den Verkäufer natürlich nicht wissen zu lassen. Es geht hier allein um den Mut, dich dieser Aktion zu stellen, und ... um dein Vergnügen.

Was möchtest du aus- oder anprobieren?

Trau dich!

Entweder du vereinbarst jetzt einen Termin oder gehst gleich los.
Hab viel Spaß dabei!

WAS DIR AN DEINEM ÄUSSEREN GEFÄLLT

Schreibe 15 Dinge auf, die du an deinem Äußeren magst. Alles, was dir einfällt, ist richtig. Das kann deine Nase sein, dein schwungvoller Gang, dein Lachen, ein Muttermal ...

Erfreu dich daran!

1. _______________________
2. _______________________
3. _______________________
4. _______________________
5. _______________________
6. _______________________
7. _______________________
8. _______________________
9. _______________________
10. _______________________
11. _______________________
12. _______________________
13. _______________________
14. _______________________
15. _______________________

NEIN SAGEN

Das mit dem Neinsagen ist eine Krux, für viele Leute jedenfalls. Ein Leben lang haben sie beigebracht bekommen, höflich zu sein und ein Nein in abwiegelnde Worte zu verpacken. Das ist sicherlich oft sinnvoll. Doch es gibt Situationen, in denen ein klares Nein angebracht ist, beispielsweise bei aufdringlichen Verkäufern oder wenn uns jemand vehement zu einer Umfrage bewegen will. Und es gibt Zeitgenossen, die ein freundliches und womöglich noch mit einer Erklärung dargebrachtes Nein einfach nicht akzeptieren wollen. Auch dann ist das kleine, prägnante Wort gefragt.

Nice to know!

SENF SCHARF ODER SÜSS – WIE HÄTTEST DU'S DENN GERN?

Den Effekt, den ein Nein beim Gegenüber auslöst, kann man mit den verschiedenen Schärfegraden von Senf vergleichen. Ein klares Nein besitzt die größte Schärfe und kann beim Empfänger ordentlich brennen. Ein Nein mit einer Begründung ist als mittelscharf zu bewerten. Bei einem milden Nein zeigst du Bedauern und bietest vielleicht eine Alternative oder einen Kompromiss an. Und es gibt ja auch das »süße« Nein, nämlich wenn wir es mit Charme oder Humor rüberbringen.

Beantworte die folgenden Fragen. Gehe dabei von schwierigen Situationen beziehungsweise Menschen aus.

- ◯ Nein sagen fällt mir überhaupt nicht schwer.
- ◯ Ich kann schon Nein sagen, füge aber immer gleich ungefragt eine Begründung an.
- ◯ Das Wörtchen Nein kommt mir nur schwer über die Lippen.

- Wenn du keine Probleme mit dem Neinsagen hast, kannst du die folgende Übung auslassen. In den beiden anderen Fällen hilft dir diese Übung weiter.
- Wenn du überhaupt nicht Nein sagen kannst, dann probiere in einem ersten Schritt – der durchaus ein paar Wochen dauern kann –, deine Ablehnungen mit ein paar erklärenden Sätzen zu begründen. Wenn du damit Erfahrungen gesammelt hast, kannst du den nächsten Schritt gehen.
- Sofern du zu den »Begründern« gehörst, die sich mehr oder weniger umständlich für ein Nein rechtfertigen, solltest du die folgende Übung machen.

Nimm dir vor, an einem Tag in drei verschiedenen Situationen einfach nur »Nein« zu sagen. Ohne Umschweife und komplizierte Erklärungen.

Vielleicht fallen dir gleich Gelegenheiten ein, in denen du das anwenden kannst. Beispielsweise wenn dich ein Kollege schon wieder fragt, ob du ihn zum Bahnhof fahren kannst. Wähle ruhig Situationen, die schon wiederholt vorkamen und wo du bereits öfter höflich – wenngleich ohne erhört zu werden – erklärt hast, warum etwas nicht geht. Auf diese Situationen kannst du dich innerlich einstellen. Du wirst dann nicht auf dem kalten Fuß erwischt. Sage einfach nur »Nein« und halte das unangenehme Gefühl aus, das vielleicht dabei und danach entsteht.
Beglückwünsche dich dazu, dass du dich getraut hast, dich klar abzugrenzen. Auch das gehört zu einem selbstbewussten Auftreten.

Übungsalternative

Übe dich doch mal in den verschiedenen Arten des Neinsagens, wie sie in dem »nice to know«-Kasten links dargestellt werden, und achte auf die Wirkung. Das erweitert wunderbar dein Kommunikationsrepertoire und macht es dir leichter, etwas abzulehnen.

LOVE LETTER FOR YOU

»Oh Himmel, ein Liebesbrief an mich? Von mir selbst? Das kann ich nicht.« So reagieren viele, wenn sie aufgefordert werden, einen Liebesbrief an sich selbst zu schreiben. Und doch gehört es zu den schönsten Geschenken, die man sich machen kann. Wie liebenswert sie sind, wird manchen Menschen erst klar, wenn sie es in Worte fassen und niederschreiben.

Um es dir leichter zu machen, stelle dir vor, du würdest dich von außen mit den Augen einer Person betrachten, die dich total mag.

- Was beziehungsweise wen siehst du?

- Was macht dich liebenswert?

- Was magst du besonders gern an dir?

- Worauf bist du stolz?

Schreibe auf der nächsten Seite all das in ganzen Sätzen und in liebevollen Worten an dich. Du kannst die Ich-Ansprache oder die Du-Ansprache wählen. Nimm dir für deinen Brief mindestens eine halbe Stunde Zeit und höre nicht vorschnell auf. In dir steckt so viel Schönes und Liebenswertes.
Denke auch an deine Freunde, deine Eltern, deine Kinder oder deinen Partner. Was glaubst du, warum sie gern mit dir zusammen sind? Es gibt jede Menge positiver Eigenschaften, die andere Menschen an dir sehen. Schreibe all das auf. Lies dir den Brief anschließend laut vor und erfreue dich an deinem So-Sein.

LIEBESBRIEF AN _ _ _ _ _ _ _ _ _ _ _ _ _ (DEIN NAME)

HALTE INNE UND STÄRKE DICH

Diese Übung kannst du bei ganz gewöhnlichen Tätigkeiten im Alltag durchführen. Es geht darum, dich für einen Moment vollkommen auf deinen Körper, deine Gedanken und deine Gefühle zu konzentrieren und dich zu fragen, wie es dir geht und was du jetzt brauchst.

Unterbrich die Tätigkeit, der du gerade nachgehst, und richte die Aufmerksamkeit nach innen.

- Wie fühlst du dich gerade körperlich?
- Bist du gelassen? Oder bist du verspannt?
- Welche Gedanken gehen dir durch den Kopf?
- Welche Gefühle hast du?

Atme ein paar Mal tief durch.

- Wenn du nervös oder verspannt bist, frage dich, was der Grund dafür ist und was du unternehmen kannst, damit es dir besser geht. Vielleicht brauchst du gerade frische Luft oder etwas zu trinken.

Gehe dann wieder frohgemut ans Tagwerk.

IM LAUF DER ZEIT

Vergleiche können uns zu Leistungen anspornen oder auch deprimieren, wenn wir ihnen nicht standhalten können. Das konntest du in der Übung auf Seite 52 erfahren. Vergleiche dich doch mal mit dir selbst! Wenn du unzufrieden bist: Was willst du verbessern?
So lebst du dein Potenzial und nach eigenen Zielen und Maßstäben. Das ist das, was Menschen mit einem starken Selbstwertgefühl tun.

Schreibe in die linke Spalte immer auch den Zeitpunkt, also zum Beispiel: Meine Art, auf andere zuzugehen, vor fünf Jahren. Oder: Meine Fähigkeit, in der Arbeit meine Interessen durchzusetzen, vor zwei Jahren.

ich gestern	ich heute

ETWAS AUSSERGEWÖHNLICHES AUSPROBIEREN

Mal wieder ein Rad auf der Wiese schlagen, eine Ballonfahrt machen oder ein Gedicht schreiben. Bestimmt gibt es so manches, was du schon lange einmal austesten wolltest, aber immer wieder verschoben oder dich nicht getraut hast. Jetzt ist es an der Zeit, das in die Tat umzusetzen! Vielleicht hast du es schon im Kopf – oder du musst erst danach kramen, weil es unter den alltäglichen Verpflichtungen verschüttgegangen ist. Es muss ja gar nichts Kompliziertes sein. Vor allem soll es Spaß machen!

Schreibe hier drei extravagante Ideen auf. Gern auch etwas, was zunächst scheinbar nicht zu verwirklichen ist.

1. _

2. _

3. _

➤ Greife dir eine Idee heraus (die anderen beiden kannst du zu einem späteren Zeitpunkt angehen). Was hat dich bisher daran gehindert, das auszuprobieren? Und jetzt lege los! Beginne zumindest schon mal damit, herauszufinden, wann und wo deine besondere Idee umsetzbar ist.

➤ Wenn du deiner Probierlust gefolgt bist, halte hier schriftlich fest, wie es dir ergangen ist und was du dabei gefühlt hast.

ZUM SCHLUSS

Du hast ein beträchtliches Stück Weg geschafft und bist ganz schön weit gekommen!
Herzlichen Glückwunsch! Du hast einige, vielleicht alle Übungen in diesem Buch gemacht und damit viel für dein Selbstbewusstsein getan. Führe dir noch einmal vor Augen, was du in den letzten Wochen oder Monaten alles geschafft hast. Bestimmt hast du Erfolge zu verzeichnen, die dich leichter durchs Leben gehen lassen, ja, die dich glücklicher machen.
Würdige das. Klopfe dir auf die Schulter und feiere das Erreichte. Vielleicht hast du Lust bekommen, weiterhin etwas für dein Selbstbewusstsein zu tun. Dafür kannst du einzelne Übungen in diesem Heft wiederholen oder dein Wissen und Können mit den auf der nächsten Seite genannten Büchern vertiefen. Vielleicht fallen dir auch eigene Übungen ein. Du weißt selbst am besten, wo der Schuh noch drückt.
Ganz neue Möglichkeiten werden sich dir auftun, wenn du ausprobierst, was mit deinem neu gewonnenen Selbstbewusstsein alles möglich ist. Und nicht vergessen: Leichtigkeit, Freude und Humor sind die Gradmesser, dass du auf dem richtigen Weg bist.
Ich wünsche dir von Herzen alles Gute dabei!

DIE AUTORIN

Seit 2008, nach Beendigung einer erfolgreichen Managementkarriere, begleitet Yvonne Rubin als Coach und Seminarleiterin Klienten dabei, sich selbst besser kennenzulernen, eigene Wege zu gehen und sich abzugrenzen. Zudem gibt sie Seminare wie »Ich – dann eine Weile nichts. Seinen Weg gehen. Glücklich leben«, »Bis hierher und nicht weiter. Nein sagen und sich abgrenzen« oder »Frech kommt weiter«.
Sie ist Diplom-Kommunikationswirtin, zertifizierter Coach sowie zertifizierte Trainerin und lebt und arbeitet als selbstständige Unternehmerin in München. Außerdem ist sie Autorin mehrerer Selbstmarketing- und Coaching-Fachbücher. Näheres findest du in ihrem Blog und auf ihrer Website:
www.eigensinn-lebenslust.de
www.yvonne-rubin.de

BUCHTIPPS

Auch-Schwelk, Annette: *Erfolgreich mit Selbstbewusstsein. Das »Ich bin Ich« Prinzip*, Haufe-Lexware
Engelbrecht, Sigrid: *Lass los, was dich klein macht. Die sieben Schlüssel zu mehr Selbstwertgefühl*, GRÄFE UND UNZER VERLAG
Jeffers, Susanne: *Selbstvertrauen gewinnen. Die Angst vor der Angst verlieren*, Kösel Verlag
Matschnig, Monika: *Mehr Mut zum Ich. Sei du selbst und lebe glücklicher*, GRÄFE UND UNZER VERLAG
Stahl, Stefanie: *Leben kann auch einfach sein. So stärken Sie Ihr Selbstwertgefühl*, Ellert & Richter Verlag

ÜBUNGSREGISTER

★ ☆ ☆

LEICHT, GEHT RUCKZUCK

★ ★ ☆

MITTELSCHWER, DAUERT NICHT SO LANGE

★ ★ ★

ANSPRUCHSVOLL, BENÖTIGT ETWAS MEHR ZEIT

IMPRESSUM

Projektleitung: Anna Cavelius, Claudia Böhm
Lektorat: Daniela Weise
Layout & Umschlaggestaltung:
independent Medien-Design
GmbH, Horst Moser, München
Herstellung: Renate Hutt
Satz: L42 Solutions Ltd., Berlin
Reproduktion: medienprinzen GmbH, München
Druck: F+W Druck- und Mediencenter, Kienberg
Bindung: Conzella, Pfarrkirchen
ISBN 978-3-8338-4837-7
1. Auflage 2015
Die GU-Homepage finden Sie unter www.gu.de

Bildnachweis

Syndication: www.jalag-syndication.de

Wichtiger Hinweis

Die Gedanken, Methoden und Anregungen in diesem Buch stellen die Meinung bzw. Erfahrung der Verfasserin dar. Sie wurden von der Autorin nach bestem Wissen erstellt und mit größtmöglicher Sorgfalt geprüft. Sie bieten jedoch keinen Ersatz für persönlichen kompetenten medizinischen Rat. Jede Leserin, jeder Leser ist für das eigene Tun und Lassen auch weiterhin selbst verantwortlich. Weder Autorin noch Verlag können für eventuelle Nachteile oder Schäden, die aus den im Buch gegebenen praktischen Hinweisen resultieren, eine Haftung übernehmen.

QUALITÄTS G|U GARANTIE

Liebe Leserin, lieber Leser,

haben wir Ihre Erwartungen erfüllt? Sind Sie mit diesem Buch zufrieden? Haben Sie weitere Fragen zu diesem Thema? Wir freuen uns auf Ihre Rückmeldung, auf Lob, Kritik und Anregungen, damit wir für Sie immer besser werden können.

GRÄFE UND UNZER Verlag
Leserservice
Postfach 86 03 13
81630 München
E-Mail:
leserservice@graefe-und-unzer.de

Telefon: 00800 / 72 37 33 33*
Telefax: 00800 / 50 12 05 44*
Mo–Do: 8.00–18.00 Uhr
Fr: 8.00–16.00 Uhr
(gebührenfrei in D, A, CH)*

Ihr GRÄFE UND UNZER Verlag
Der erste Ratgeberverlag – seit 1722.

www.facebook.com/gu.verlag

GRÄFE UND UNZER

Ein Unternehmen der
GANSKE VERLAGSGRUPPE